EXTRAITS

DE L'ÉLOGE HISTORIQUE

DE

M. A.-J.-N. JOURDAN,

GÉOMÈTRE EN CHEF DU DÉPARTEMENT DE L'AUBE, MEMBRE
DU CONSEIL MUNICIPAL DE TROYES, ET DE PLUSIEURS SOCIÉTÉS
SAVANTES ET DE BIENFAISANCE;

PAR N. COTTET,

PROFESSEUR DE MATHÉMATIQUES A L'ÉCOLE NORMALE, CONSERVATEUR-ADJOINT
DU MUSÉE DE TROYES :

DISCOURS

Qui a obtenu la première mention honorable après le prix proposé et décerné
par l'ancienne Société des Lettres, Sciences et Arts de Troyes.

« Il regardait comme perdu le jour où il
» n'avait pas soulagé quelque infortune, es-
» suyé quelques larmes, vidé sa bourse dans
» les mains de quelque malheureux. »

Dire les actions honorables d'un homme dont la vie entière
fut consacrée au bien de l'humanité, dans sa patrie d'abord,
puis dans celle qu'il avait adoptée, après que le despotisme et
l'ingratitude l'eurent exilé de la terre qui l'avait vu naître,
c'est un devoir pour moi, un devoir dicté par la reconnaissance; je viens essayer de m'en acquitter aujourd'hui.

Peu habituée à se faire entendre, ma voix n'aurait point osé
rendre publique l'expression de mes regrets et de ma vénération

pour la mémoire d'un bienfaiteur, si je n'avais espéré qu'il me serait permis de substituer à l'éloquence du langage la simple éloquence des faits.

J'ai passé cinq années auprès de l'homme que nous regrettons, j'ai moi-même ressenti les effets de sa bienfaisante sollicitude; je l'ai connu chez lui, dans l'abandon de la vie privée, lorsque débarrassée de toute contrainte, sa belle ame pouvait se montrer telle qu'elle était, c'est-à-dire grande et libre, généreuse et simple.....

C'est sous l'influence de ces souvenirs que j'ai essayé de le montrer tel qu'il fut, et d'exposer les services que son génie et la bonté de son cœur ont rendus à la science, à son pays qu'on le força de quitter, au nôtre qui l'accueillit, et aux infortunés dont il s'était rendu le plus ardent protecteur.

Est-il un habitant de Troyes qui ne se rappelle avoir quelquefois rencontré cet homme à la mise souvent négligée, mais à l'air ou riant ou préoccupé, à la physionomie franche et pleine de douceur? Il ne fallait, pour le trouver, que se rendre dans les lieux où s'exécutaient quelques travaux utiles, ou dans les établissemens destinés au soulagement ou à l'instruction des pauvres, établissemens pour la plupart créés ou encouragés par lui....

Don Annibal-Joseph-Nicolas Giordano de Ottojano naquit le 20 novembre 1769,[1] à Ottojano, dans la terre de Labour, province du royaume de Naples. Sa famille était l'une des plus anciennes et des plus honorables du pays.

Il dut sa première éducation aux soins de Michel Giordano son père..... A l'âge de six ans il traduisait facilement et lisait avec enthousiasme la vie des héros de l'antiquité. A huit ans, l'histoire de la Grèce et de Rome lui était parfaitement connue.....

Son génie naissant le portait vers des conceptions d'un ordre plus élevé..... Son père lui fit suivre les leçons du célèbre professeur napolitain Fergola..... Annibal avait dix ans à cette époque.....

A 16 ans, les académies de Turin, de Vérone et de Naples, auxquelles il avait adressé quelques mémoires, se disputent l'honneur de l'avoir pour correspondant.

A cet âge, il résout un problème que plusieurs savans distingués avaient résolu, mais aucun d'eux aussi complètement que lui[2].....

M. Poncelet rapporte ce fait dans son excellent ouvrage sur les propriétés projectives des figures[3]. Carnot, dans sa Géométrie de position[4], donne les noms de tous les savans qui s'en sont occupés et ajoute : « Ottojano, à l'âge de 16 ans, trouva non » seulement une solution, synthétique très-élégante de ce pro- » blème, mais il lui donna toute la généralité possible. » Ce que n'avaient pu faire ceux qui l'avaient essayé avant lui.

A l'âge de 17 ans, Annibal obtint au concours une chaire de mathématiques transcendantes à l'école militaire de Naples, et un peu plus tard, la place d'examinateur pour l'artillerie, le génie et la marine, avec le titre de membre résidant de l'aca-démie des Sciences et Belles-Lettres de cette capitale.

On sent combien cette nouvelle position devait favoriser et développer son goût pour les mathématiques, et peut-être Ottojano aurait-il partagé la célébrité des Leibnitz, des Des-cartes, des Newton, si l'adversité ne fût venue traverser le cours d'une carrière aussi brillamment commencée.....

Annibal, à 18 ans, veut partager avec ses jeunes compatriotes un trésor plus précieux, la science ! Il fait part de son projet à un ami généreux comme lui, à Charles Lauberg[5], dont le nom ne doit pas être ici séparé du sien.....

Il composa pour ses élèves des élémens d'arithmétique, d'al-gèbre et de géométrie, où il employa l'analyse, tandis que dans la plupart des ouvrages suivis dans les écoles, la synthèse ca-chait aux élèves le chemin de la vérité, la clef de toute décou-verte.

Mais dans ce pays où alors, comme aujourd'hui peut-être, la vérité et la science étaient suspectes et redoutées, le gouver-nement ombrageux ne put voir sans inquiétude l'école des deux amis se remplir de nombreux élèves appartenant aux familles les plus distinguées, et dès-lors les deux jeunes professeurs de-vinrent l'objet d'une surveillance rigoureuse. Ottojano surtout fut signalé comme un homme dangereux, et il l'était en effet pour le despotisme aveugle qui voulait enchaîner la pensée, étouffer le génie et qui, craignant l'émancipation du peuple, s'efforçait de le retenir dans l'ignorance et dans la superstition.

Quand la France eut déployé le drapeau de la liberté....., il espéra que bientôt il pourrait sans entraves donner un libre cours à ses idées généreuses, s'abandonner à ses nobles penchans, mettre à exécution tous ses projets philanthropiques.

Ce fut à cette époque qu'il appela près de lui son frère Michel, qui devait désormais partager toutes ses infortunes.....

Par suite des événemens politiques qui bientôt agitèrent l'Europe, une flotte française, sous les ordres de Latouche-Tréville, mouilla, en 1792, dans la rade de Naples. Un grand nombre de jeunes gens, et entre autres les deux frères Jourdan, poussés par la curiosité, et avides de saluer les Français devenus libres, se rendent sur le rivage. Ils sont bien accueillis par les officiers ; plusieurs jours se passent en divertissemens et en manifestations réciproques d'amitié. Mais à peine la flotte française eut-elle abandonné ces bords, que la cour de Naples fit arrêter les deux frères Jourdan, et les fit enfermer dans une haute tour du château dell'Uovo.....

S'échapper ou périr, telle est la résolution qu'Annibal prend aussitôt et qu'il communique à son frère. Il fallait autant d'audace pour concevoir ce projet, que de courage et de persévérance pour l'exécuter. Mais que n'inspire pas l'amour de la liberté!.....

Les deux captifs, à la faveur d'une horrible tempête, sont au pied de la tour..... Michel parvient à gagner le rivage, mais Annibal moins heureux est atteint par une embarcation qu'on avait mise à leur poursuite.....

Il rentre dans la prison dont il s'était échappé à travers tant de dangers ; de là il est transféré au fort d'Aquila, dans les Abruzzes, et y reste jusqu'à la fin de 1798, c'est-à-dire pendant six années entières.

Pour charmer l'ennui de la captivité et mettre à profit ses longs et pénibles loisirs, il écrivit alors un traité de stéréotomie et un petit traité de balistique. Ce dernier est encore entre les mains de son frère ; il n'est que le résumé d'un ouvrage plus étendu composé antérieurement. Ce résumé, où la science la plus élevée est exposée avec lucidité, étonnera en pensant qu'entièrement privé de livres, Annibal prisonnier n'avait à consulter que son génie et sa prodigieuse mémoire.⁶

Ce fut à la fin de 1798 que l'armée française, sous les ordres de général Championnet, vint occuper les bords de l'Aternot, et qu'une colonne conduite par Duhesme fut chargée d'enlever Aquila.

Michel Jourdan était parvenu à découvrir le lieu de la captivité de son frère.... et bientôt les deux frères sont dans les bras l'un de l'autre.

Annibal en liberté fut accueilli par le brave Duhesme, qui se l'attacha en qualité d'aide-de-camp. La république parthénopéenne venait d'être proclamée à Naples ; Annibal s'y rendit, et là il fut nommé secrétaire général du comité de la guerre, avec le titre de colonel.

Naples libre enfin! et Ottojano à Naples! Comme son cœur devait battre! Il oublie bientôt tous les maux qu'il a soufferts.

Mais ce bonheur est de courte durée. Assiégé bientôt par les Russes et les Anglais dans le Castello-nuovo, où il commandait, obligé de céder à des forces supérieures, Annibal prend part à la capitulation de Naples ;[7] puis, avec quelques compagnons, il s'embarque pour la France sur un bâtiment appartenant au commerce. Le navire libérateur allait mettre à la voile, lorsqu'au mépris de la capitulation et par la perfidie de l'amiral Nelson, ils en sont arrachés d'après les ordres de la reine de Naples et ramenés dans cette ville.

Cette fois la vie d'Annibal est menacée ; il échappe à la mort par les efforts courageux d'un ami qui parvient à faire retarder son tour de condamnation, et à l'espoir conçu par la reine de ramener à son parti, par les menaces ou par les promesses, un homme dont elle connaissait l'énergie et les talens.[8]

La bataille de Marengo vint mettre un terme aux vengeances exercées par le gouvernement napolitain sur les prisonniers que la trahison lui avait livrés après la reddition de Naples. On se contenta d'enfermer dans les fosses ou cavernes de la Sicile ceux qu'on n'avait pas encore livrés à la mort. Ce fut au fond d'un de ces cachots taillés dans le roc, sur la petite île de la Favignana, qu'Annibal languit jusqu'en juillet 1801, époque où le vainqueur de l'Italie ordonna la mise en liberté de tous les détenus politiques.

Libre de nouveau, Annibal retrouva son frère Michel, et tous deux obtinrent des passé-ports pour Venise.....

Les deux frères traversent la Pouille, s'arrêtent quelque temps auprès de l'armée d'Italie..... Quatre brigands armés les attaquent ; Annibal craint de tomber de nouveau au pouvoir de la reine, il supplie son frère de lui ôter la vie ; mais l'intrépidité de ce dernier a bientôt mis en fuite les lâches sicaires soudoyés par leurs persécuteurs.

Echappés au fer des assassins, les deux frères Jourdan, réunis à leur troisième et jeune frère Xavier, se rendent à Bary, où le général Carra-St-Cyr leur apprend que des ordres secrets ont été donnés pour les faire livrer à l'autorité napolitaine ; il les engage à s'éloigner au plus vite. Ils s'embarquent à la hâte sur le premier esquif qu'ils rencontrent, et font naufrage près de Porto-di-Fermo. Le commandant d'Ancône leur accorde une feuille de route pour Marseille.

Ils étaient désormais hors de l'atteinte des agens de la cour de Naples, mais leurs ressources étaient épuisées. Le 3 nivose an II, ils arrivèrent à Marseille à pied et dans le plus complet dénuement. C'était en janvier 1802, au moment même du débarquement de l'armée d'Egypte.

Annibal rencontra dans cette armée un de ses anciens élèves, le médecin Savarezzi, qui s'estima heureux de pouvoir offrir à son professeur, à son ami, des marques de son attachement et de sa reconnaissance. Les frères Jourdan allèrent ensuite passer quelque temps à Antibes où les avait appelés l'hospitalité de leur ancien ami Lauberg, réfugié et établi dans cette ville; puis ils revinrent à Marseille. Là Michel donne des leçons de langues, Annibal et Xavier, possesseurs de quelques marchandises, espèrent trouver les ressources qui leur manquent sur la terre d'exil. L'ex-commandant de Castello-nuovo, l'académicien de Turin, de Vérone et de Naples, l'ancien émule d'Euler et de Lagrange est réduit à l'exercice d'un modeste commerce.

Peu attentif aux soins d'une profession si éloignée de ses goûts et de ses habitudes, Annibal se livra bientôt avec ardeur à ses travaux de prédilection, et rédigea, sur divers points de mathématiques, quelques notices restées inédites.[9]

Cependant, hors du cercle de leurs habitudes, les affaires de négoce étaient négligées, et des privations de tout genre vinrent assaillir les malheureux proscrits, qui, pendant plus d'un an n'eurent d'autre lit que quelques planches réunies, lorsqu'enfin Annibal obtint un emploi plus conforme à ses inclinations. Le 18 avril 1803, il fut nommé, par le préfet des Bouches-du-Rhône, géomètre adjoint pour lever le plan de Marseille, plan qu'il exécuta en société des géomètres Cannes et Desmarets.

Son talent est bientôt reconnu; le 16 décembre 1804, il obtient la place de second géomètre du cadastre dans le département des Hautes-Alpes. Ce fut de là qu'il adressa à M. le commissaire général du cadastre un mémoire; ce dernier, frappé des vues utiles qu'il contenait, les adopta pour l'organisation de ce nouveau service.....

Bientôt la première place fut offerte à M. Jourdan, qui, trop généreux pour en déposséder son chef, la refusa..... En 1806, il est appelé aux fonctions de géomètre en chef au département de Gènes, où il resta jusqu'en février 1808. Alors nommé ingénieur-vérificateur au département de l'Aube, il reçut depuis l'emploi de géomètre en chef et le conserva, en l'honorant jusqu'à son dernier jour.

Ici commence pour M. Jourdan une nouvelle carrière, moins agitée, mais non moins honorable que la première. Sa vie aventureuse cesse pour faire place à une vie plus uniforme, plus paisible, plus douce, qui lui permettra de suivre les impulsions de son cœur bienfaisant. Cette dernière partie de son histoire, la plus intéressante pour nous, va nous dévoiler toute l'étendue de la perte que nous avons faite.....

En janvier 1815, il obtint des lettres de naturalisation, motivées « sur ce qu'il a de très-grandes connaissances en mathé-
» matiques, qu'il est un des ingénieurs les plus distingués du
» cadastre, et qu'il n'est pas moins recommandable par ses ser-
» vices que par ses talens.[10] »

Quelques circonstances particulières à notre département firent suspendre les opérations du cadastre. M. Jourdan employa à des travaux scientifiques les loisirs que lui laissa cette interruption ; ce fut alors qu'il composa plusieurs ouvrages, entre autres un traité de géodésie, un traité d'algèbre, un traité des logarithmes, et, je crois, un essai sur la construction des cartes géographiques.[11]

La société académique de l'Aube, dont la guerre avait interrompu les travaux, s'étant reconstituée sous le titre de société d'Agriculture, Sciences et Arts, s'empressa d'appeler dans son sein le géomètre en chef dont on avait apprécié tout le mérite.

Jusqu'en 1830, M. Jourdan était resté homme privé, simple géomètre en chef ; mais, lorsqu'à la suite d'une nouvelle révolution nous eûmes reconquis le droit si naturel de pouvoir confier nos intérêts à ceux d'entre nous que nous en jugerions les plus dignes et les plus capables, M. Jourdan fut un des premiers sur lesquels tomba le choix de ses concitoyens;[12] et dès-lors nous le voyons entièrement dévoué aux intérêts de la cité qui l'a choisi. Veilles, travaux, démarches de tout genre, il n'épargne rien pour justifier la confiance de ses mandataires. Il est dans le conseil municipal l'un des membres les plus actifs et les plus dévoués au bien de la commune. Son zèle et ses lumières le rendent bientôt l'ame du conseil. Son immense activité embrasse tout. Toutes les questions d'utilité, d'amélioration, d'économie sont mises en avant et soutenues par lui; sa persévérance et son éloquence persuasive lui font vaincre tous les obstacles.....

A cette époque, les travaux du cadastre exigent la presque totalité de son temps; cependant il en trouve encore pour les nouvelles fonctions dont il est investi. C'est la nuit, c'est tandis que la cité repose, qu'il veille pour ses intérêts, qu'il étudie ses besoins, qu'il médite ses utiles projets et les moyens de les mettre à exécution ; car il ne propose rien dont il n'ait d'avance calculé les résultats. Tous ses projets ont un but marqué d'utilité..... Tout ce qui exige du travail ou de longues méditations est confié à son infatigable zèle. S'agit-il de projets de quelque construction? il lève lui-même ou fait lever à ses frais les plans nécessaires ; il fait même la plupart des devis, et, s'il faut contribuer de ses propres deniers pour l'exécution d'un projet utile, il est toujours le premier et le plus libéral souscripteur.

Qui de nous ignore quelle part active il a prise à tous les projets de travaux d'utilité publique, tels que la halle aux blés et la halle aux marchandises, si long-temps réclamées par le commerce de notre ville, l'établissement du musée, etc.? mais c'était surtout les établissemens destinés à l'instruction de la jeunesse qu'il entourait de sa sollicitude paternelle, et les écoles ouvertes aux classes pauvres étaient celles dont il s'occupait le plus. Il pensait qu'il ne suffit pas de soulager l'indigence par des libéralités individuelles; c'était dans sa source qu'il voulait attaquer le mal.....

Instruisons le peuple, disait-il souvent, il deviendra meilleur et sera plus heureux. Aussi s'employait-il tout entier à augmenter le nombre des écoles gratuites....., parmi lesquelles sont les écoles d'adultes, et c'est à M. Jourdan que nous les devons.

Il est un autre genre d'établissement dont l'Angleterre se vante d'avoir enrichi l'humanité et dont la France pourrait peut-être revendiquer la gloire; ce sont les salles d'asile, ces refuges où l'enfant pauvre, reçoit, presque au sortir du berceau, les premières notions de religion, d'ordre et de morale; où on le prépare doucement aux occupations et aux études qui l'attendent dans les années qui suivent son enfance, offrent encore aux parens nécessiteux l'immense avantage de disposer de leur temps et d'employer leur journée à des travaux qui leur rapportent un salaire, tandis que leurs enfans reçoivent des soins et des secours précieux, que les parens eux-mêmes ne pourraient leur donner.

Nous avons vu s'élever dans nos murs deux de ces utiles établissemens, et Troyes peut se glorifier d'être l'une des premières villes qui en France jouissent du bienfait de cette institution.

Nous avons deux salles d'asile où les enfans pauvres reçoivent un abri, souvent de la nourriture, des vêtemens, et toujours les premières impressions de la vertu, toujours l'exemple de la bienfaisance. Eh bien! ces salles, ces temples de la bienfaisance, à qui les devons-nous? qui les a fondés, encouragés, dotés?

L'homme vertueux que nous regrettons ne s'attribuait aucune part dans l'honneur de ce nouveau bienfait. S'il faut en croire sa modestie, ce serait la digne épouse de notre premier magistrat, ce serait madame Combes qui seule en aurait conçu l'idée et hâté l'exécution; cependant madame Combes s'en est défendue. Voici ses paroles mêmes que j'ai pris soin de recueillir :
« C'est à M. Jourdan que nous devons les salles d'asile. Non
» seulement il fut le plus fort souscripteur, mais c'est à son zèle
» infatigable que nous devons les deux maisons où elles sont éta-

» blies. Lorsqu'il fallut les rendre encore plus convenables à leur
» nouvelle destination, craignant de ne pas obtenir les fonds né-
» cessaires à l'exécution de ces nouveaux travaux, M. Jourdan
» les paya. » Madame Combes me fit voir alors des quittances
faites au nom de M. Jourdan, et la liste des souscripteurs où
son nom figure un des premiers et pour la plus forte somme.

Ainsi madame Combes et M. Jourdan se renvoient l'un à l'autre l'honneur de cet acte de philanthropie. Cet honneur, il est
vrai, n'appartient exclusivement ni à l'un ni à l'autre, il leur
appartient à tous deux. Honneur à madame Combes! honneur
à M. Jourdan! La mort inexorable nous a enlevé ce dernier;
puisse l'honorable bienfaitrice jouir long-temps du prix de son
bienfait !.....

Sa libéralité ne se bornait pas à ces actes publics de bienfaisance; elle s'étendait sur tous les malheureux, quelle que fût
leur patrie, quelle que fût la cause de leur misère. Jamais sa
main n'était fermée quand des infortunés se présentaient à lui.
Il n'attendait pas qu'ils vinssent le trouver, il les cherchait.

Souvent, dans ses promenades qui n'étaient jamais sans but,
il se dirigeait dans un de ces quartiers détournés où la misère
accumulée semble se cacher au jour dans des réduits obscurs et
malsains, et là il tirait de sa poche de quoi soulager pour quelque temps au moins la faim de la mère de famille, et couvrir ses
enfans presque nus.

Je ne finirais pas si je voulais rapporter ici tous les traits de
bienfaisance que la reconnaissance nous a déjà dévoilés et que
ses amis, même les plus intimes, ont ignorés jusqu'à sa mort,
tant il mettait de soin à les cacher : « Dites à ce sujet tout ce que
» votre imagination pourra vous suggérer, » me disait un jour
un de ses meilleurs amis, un de nos plus généreux concitoyens,
« dites, et vous n'en direz jamais assez. »[13].....

Les réfugiés de toutes les nations, ces martyrs de la liberté,
comme lui obligés de fuir la patrie qu'ils avaient tenté d'affran-
chir, trouvaient en M. Jourdan un ardent protecteur, un ami
secourable et parce qu'ils étaient malheureux et parce que
leur position lui rappelait celle où lui-même s'était trouvé.
L'exilé avait appris par expérience tout ce qu'a de pénible l'abandon forcé d'une patrie, d'une famille et de tous les objets qu'on
affectionne. C'était bien à lui qu'on aurait pu appliquer ce beau
vers de Virgile :

Mes malheurs m'ont appris à soulager les vôtres.

Sa bonté, sa générosité allaient quelquefois jusqu'à la faiblesse envers les personnes attachées à son service ; souvent je l'ai vu payer de ses propres deniers la réparation de fautes commises par des employés malhabiles ; il ne les renvoyait pas, c'eût été les priver des ressources de leur travail. De là on attribua quelquefois à sa négligence ce qui était l'effet de son trop bon cœur.

Mais autant il était indifférent, lorsqu'il s'agissait de ses propres intérêts, autant il était inébranlable dans la défense des intérêts que le pays lui avait confiés, dans la stricte observation des devoirs qu'il s'était gratuitement imposés.

Sa manière de penser était absolument indépendante ; il blâmait avec un langage énergique ceux qui pensaient ou agissaient d'après les idées des autres.....

Malgré son attachement à la France, sa nouvelle patrie, l'amour de celle qu'il avait été forcé d'abandonner était toujours profondément gravé dans son cœur.

« Nous examinions ensemble, m'écrit M. Garnier, des cartes » de géographie ; j'étais tout à la gravure, mais lui, il avait les » yeux fixés sur un point et paraissait triste. Je vis de quoi » il s'agissait, car je connaissais son attachement pour son pays ; » mais, par une curiosité blâmable dans cette circonstance, je » lui demandai des renseignemens sur Naples. Il me donna quel- » ques détails, puis il ajouta avec l'accent de la douleur : *« Mon* » *beau pays ! il ne ne me sera plus donné de le revoir ! D'ail-* » *leurs je ne le reverrais qu'avec peine, car il est malheureux,* » *mal gouverné !*..... » et il se retira en poussant un profond » soupir. »

Tel était l'homme de la vie duquel je devais vous présenter les principaux traits. Étonnant le monde savant d'abord par la précocité de ses talens, et la profondeur de ses connaissances ; consacrant ensuite, dès sa plus tendre jeunesse, ses loisirs et sa bourse au bien de son pays, à l'instruction de ses compatriotes ; persécuté pour les services même qu'il rendait, il est obligé de fuir, poursuivi sans relâche par les oppresseurs de son pays. Arrivé en France..... et tout à sa nouvelle patrie, il lui consacrait en entier sa vie, son repos, sa fortune, ses talens.

Savant de premier ordre, et modeste autant que profond, il cachait avec soin le nom sous lequel il s'était jadis illustré,[14] afin d'ôter à la renommée les moyens de l'atteindre. Appelé au sein de nos sociétés savantes et philanthropiques, il en fut toujours le membre le plus actif et le plus laborieux. Il est partout où il y a du bien à faire, des services à rendre, des infortunes à soulager, et quand la mort vient le surprendre, elle le trouve occupé des intérêts de la cité. C'est au milieu du conseil municipal, le 13 mars 1835, il y a aujourd'hui un an ; c'est sur ce siége qu'il occupait avec tant d'honneur ; c'est au moment où il venait d'accomplir encore un acte de libéralité,[15] qu'il tombe ! et que la cité se trouve subitement privée d'un de ses plus zélés défenseurs ; les pauvres, de leur bienfaiteur le plus ardent ; nous tous enfin, de notre meilleur compatriote !

O noble et vertueux Jourdan !

Puisse cet hommage, dicté par la reconnaissance, s'élever jusqu'au séjour des justes, où ton ame si bonne jouit sans entraves de tout le bien qu'elle a fait !

Daigne quitter un instant la demeure céleste, pour venir entendre encore l'expression de notre douleur et de nos regrets, et recevoir enfin un éternel et pénible adieu !!!

NOTES.

[1] L'année 1769 vit naître aussi Napoléon, Chateaubriant et Cuvier, c'est-à-dire le premier capitaine, le premier écrivain et le premier naturaliste de notre siècle ; peut-être Ottojano devait-il en être le premier mathématicien.

[2] Ce problême était : *Dans un cercle donné inscrire un triangle, dont les trois côtés, prolongés s'il est nécessaire, soient assujettis à passer chacun par un point donné.*

[3] Poncelet, ouvrage cité, page 350, dit : « Ce problême est célèbre et a exercé la sagacité de plusieurs savans géomètres..... Giordano de Ottojano fut le premier qui trouva une solution géométrique et simple de tous les cas de ce problême. »

[4] Carnot, Géométrie de position, page 383.
« Ce problême, dit cet auteur, passe pour difficile et a fixé l'attention de plusieurs savans géomètres. Castillon en donna le premier la solution dans les mémoires de l'académie de Berlin, en 1776. Cette solution est synthétique et très-ingénieuse, mais compliquée. Lagrange en donna aussitôt une autre très-belle, mais entièrement analytique, insérée dans le même volume. Sur l'invitation d'Euler, Lexell donna, dans le 4.e volume des Mémoires de St-Pétersbourg, la construction de la formule de Lagrange. Il dit *qu'il avait essayé* de l'appliquer au quadrilatère inscrit et qu'il n'y avait pas réussi. La solution d'Ottojano s'applique aux polygones d'un nombre quelconque de côtés.
Cette solution se trouve consignée dans le 4.e volume des Mémoires de la Société italienne de Vérone. »

[5] Lauberg, avec lequel M. Jourdan a entretenu long-temps une correspondance amicale et scientifique, s'était aussi réfugié en France et est mort à Paris, en 1832.
Il a dû publier un ouvrage assez étendu sur la construction des cartes géographiques, ouvrage où M. Jourdan a pris une part très-active. C'est du moins ce qui paraît résulter de la correspondance de ces deux amis, et d'un programme imprimé qui se trouve dans les cartons de M. Jourdan.

6 Ce précieux manuscrit est écrit en italien, sous le titre de *Ristretto di Bastilica sublima*. Il renferme des vues très-élevées sur la résistance qu'offrent aux projectiles les fluides aériformes et la force développée par la production des gaz dans l'inflammation de la poudre. M. Jourdan y annonçait, dans un avertissement placé en tête, que ce n'était que le résumé d'un ouvrage beaucoup plus étendu, dans lequel il avait réuni les connaissances des plus savans auteurs sur cette matière à ses propres réflexions.

Je dois la connaissance de ce petit ouvrage à M. Jourdan (Michel), qui se propose de le publier.

7 Cette capitulation fut signée du cardinal Ruffo, chef des royalistes; du général Micheroux attaché au roi Ferdinand; de l'amiral Nelson, chef de l'escadre anglaise, et de tous les chefs des troupes alliées qui défendaient Naples.

(Montgaillard, Hist. de France, tome 5, page 218.)

8 Quelques inculpations atroces et perfides qui en se contredisant se réfutent d'elles-mêmes, n'ont pu atteindre l'homme d'honneur; elles ne flétrissent que les lâches qui les ont inventées.

9 Les papiers qu'a laissés M. Jourdan, et qui sont entre les mains de son frère, contiennent de nombreuses notes, écrites à diverses époques, sur divers sujets élevés de mathématiques; entre autres sur les polyèdres, sur la construction des cartes géographiques, sur la mesure des solides. L'on y remarque entre autres la résolution analytique du problême suivant : *Trouver le volume d'un tronc de conoïde, dont les bases parallèles seraient, l'une elliptique et l'autre circulaire.*

Un cahier de notes sur la *Statique de Monge*, où plusieurs propositions de ce savant mathématicien sont prouvées plus rigoureusement et très-simplifiées. Ces notes, placées à la fin de l'ouvrage de Monge, y ajouteraient beaucoup d'intérêt.

Enfin des notes sur la *théorie des fonctions*, dans lesquelles M. Jourdan s'attache à écarter les considérations de l'infini, qu'il aurait voulu voir exclure des mathématiques et surtout des élémens.

De nombreuses notes sur la résistance des fluides attestent que ce sujet a été long-temps l'objet de ses méditations.

10 Ces lettres sont enregistrées au bulletin des lois, bulletin 79, art. 691, page 104, en date du 7 janvier 1815.

11 Il avait, quelques années auparavant, perfectionné le planimètre de Gelinski.

12 Il fut nommé membre du conseil municipal le 21 octobre 1831.

13 M. Jourdan visitait un jour les travaux de la 1re salle d'asile, la seule qu'il lui fût donné de voir achevée. Un ouvrier lui manifestait son inquiétude sur le paiement de ses travaux : « Travaille toujours, lui dit le bon Jourdan avec ce ton familier » que nous lui avons connu, quand tu auras besoin d'argent, tu viendras me trouver, » je t'en donnerai. » (Communiqué, ainsi que le fait suivant, par un témoin oculaire.)

Il se promenait un jour dans son jardin, quand une pauvre femme vient lui demander des herbes pour son mari qui est malade. Le bon Jourdan s'empresse de cueillir lui-même des herbes à cette femme, puis il lui dit avec sa familiarité ordinaire : « Dis-moi, as-tu de la graisse pour cuire tes herbes? et sur la réponse né- » gative de cette femme, tiens, voici pour en avoir, et puis vas chez mon boucher et » dis-lui de ma part qu'il te donne une livre de viande tous les jours, pendant un mois, » pour restaurer ton mari. »

Il faisait travailler à un rognis, sur le bord de la rivière qui borde son jardin : un ouvrier se laisse tomber dans l'eau; la saison était froide. M. Jourdan se dépouille aussitôt de ses vêtemens, sans en excepter le plus nécessaire, et revient chez lui en riant du simple appareil dans lequel il vient de se mettre.

14 « Il examinait un jour, avec une autre personne, l'ouvrage de M. Carnot;
» j'étais présent. On tomba justement sur le passage où ce savant rend au jeune
» Ottojano les hommages qui lui sont dûs, et on fit observer qu'il était beau de faire,
» à seize ans, des découvertes dans cette partie de la science. M. Jourdan restait
» silencieux; mais une certaine émotion le trahit, et il nous avoua, non sans rougir,
» que c'était de lui que Carnot avait voulu parler. »

(Lettre de M. Garnier.)

15 M. Jourdan mourut subitement, après avoir signé un engagement de 160 fr. pour le forage d'un puits artésien sur la place du Marché-au-Blé.

EXTRAITS

DE

L'ÉLOGE HISTORIQUE DE A.-J.-N. JOURDAN,

PAR P.-N. DUPUIS,

GÉOMÈTRE, EMPLOYÉ AU CADASTRE DU DÉPARTEMENT DE L'AUBE.

DISCOURS QUI A OBTENU LA DEUXIÈME MENTION HONORABLE.

Omnigenæ virtutis exemplar flet civitas.

Un homme que la patrie et les sciences regrettent également,
M. Jourdan, n'est plus !

Entre tant de voix éloquentes, qui sans doute s'empresseront
de rendre un dernier hommage au véritable homme de bien que
la mort a frappé si subitement, j'ose, jeune encore et sans expérience, élever ma voix.

Pour peindre dignement le citoyen bienfaisant et dévoué,
l'administrateur habile, le savant distingué, mes forces sont loin
de suffire ; aussi n'eussé-je jamais songé à entreprendre cet
éloge, si je n'avais écouté que la voix austère de la raison ; mais
pendant quatre années j'ai travaillé sous les ordres de M. Jourdan ; pendant quatre années j'ai pu le voir, l'entendre ; j'ai pu
être à même d'apprécier cette inépuisable bonté qui le caracté-
risait si éminemment. Tous ceux qui ont connu M. Jourdan
concevront que j'aie obéi à un de ces sentimens profonds aux-
quels il est impossible de résister, et que son éloge soit parti de
mon cœur comme le cri d'un enfant qui vient de perdre son
père.

Que de grâces n'ai-je pas à rendre aux hommes généreux qui ont ouvert la carrière où je vais m'élancer ! Dans
les récompenses offertes aux efforts des concurrens, ils ont su
placer, pour une ame sensible, la plus noble et la plus pure :

le vainqueur, ont-ils dit dans leur programme, lira son discours sur la tombe de M. Jourdan.

L'espoir d'obtenir cet honneur a mis en mouvement toutes les facultés de mon ame. Avec quel orgueil ne me rappellerai-je pas toute ma vie le jour cent fois heureux où j'aurai pu donner à la mémoire de l'homme excellent, dont l'amitié me fut si utile et si précieuse, le témoignage d'un dévoûment et d'une reconnaissance qui ne s'éteindront qu'avec moi !...

Je vais donc essayer de peindre M. Jourdan tel que nous l'avons tous connu. Le portrait que je ferai passer sous vos yeux sera simple, modeste, et vrai comme l'était celui dont il est l'image.

Ah ! si emporté par mon amour et ma vénération pour lui, j'osais déposer des louanges exagérées sur le tombeau de cet ami si ardent de la vérité, il s'ouvrirait, son tombeau, et ses ossemens se rejoindraient pour me dire : « Pourquoi viens-tu mentir pour moi qui ne mentis jamais pour personne ? Laisse-moi reposer dans le sein de la vérité, et ne viens pas troubler ma paix par la flatterie que j'ai haïe »....

Don Annibal-Joseph-Nicolas Giordano de Ottajano naquit en décembre 1769, à Labour, province du royaume de Naples... Son père, Michel Giordano, voulut diriger lui-même les premiers pas d'Annibal dans la carrière de la science : conduite trop rare de nos jours, mais qui porte avec elle une bien douce récompense !...

Tandis qu'Annibal se livrait, sous le ciel pur d'Italie, à des études profondes et à de consciencieux travaux, l'horizon de la France se rembrunissait ; et la foudre révolutionnaire, éclatant sur ce sol naguère si tranquille, brisait, avec une inconcevable rapidité, une monarchie que quatorze siècles auraient dû asseoir sur une base solide. Annibal sentit battre son cœur à l'idée de la régénération de sa patrie, et les échos de la voix de Mirabeau achevèrent en lui ce qu'avaient commencé les écrits des Beccaria et des Filangiéri.

L'amélioration physique et morale de ses semblables : tel est le noble but qu'il se propose. Tout entier, il se consacre à l'éducation de la jeunesse ; et rêvant pour Naples des jours semblables à ceux où les Platon et les Xénocrate enseignaient dans le lycée d'Athènes, il ouvre une école où il enseigne publiquement et gratuitement les mathématiques, tandis qu'un de ses amis y donne, de son côté, des leçons de physique expérimentale...

Le gouvernement napolitain soupçonnant un but politique dans le zèle ardent des professeurs, et voyant avec de graves inquiétudes l'affluence considérable des élèves qui s'empressaient d'assister à leurs cours, cherchait, depuis quelques temps, un prétexte pour y mettre fin, lorsque la flotte française, commandée par Latouche-Tréville, vint, en 1799, aborder à la rade de Naples.

Entraîné par un élan de sympathie, Annibal, suivi de son frère Michel et de quelques amis, se transporte à bord du vaisseau amiral; enchanté de la cordialité avec laquelle il est accueilli, il veut en témoigner sa reconnaissance en offrant un banquet à l'amiral et à ses officiers; mais à peine la flotte française a-t-elle déployé ses voiles, que les deux frères Jourdan sont jetés dans un cachot.

L'aréopage condamna Socrate à boire la ciguë, pour s'être consacré à l'instruction de la jeunesse d'Athènes; l'inquisition chargea Galilée de fers, pour avoir éclairé celle de Florence. Coupable des mêmes crimes envers la jeunesse de Naples, Annibal trouva son prytanée dans une haute tour du château dell' Uovo : récompense ordinaire des bienfaiteurs de l'humanité, et dont les annales de tous les temps et de tous les peuples ne nous offrent que de trop fréquens exemples. Combien de statues d'hommes célèbres ont pour piédestal ou des fers ou un glaive!...

Les victoires des armées françaises ont rendu à Annibal la liberté. Ses fers se brisent une seconde fois au retentissement du canon de Marengo. C'est à Bonaparte, au conquérant de l'Italie, qu'il doit la liberté et peut-être la vie; cette vie qu'il va consacrer toute entière à la nation dont son libérateur est le représentant victorieux....

C'est sur Marseille qu'Annibal et son frère ont dirigé leurs pas. La fortune, qui se lasse un moment de les poursuivre, les fait arriver dans cette ville le jour du débarquement de l'armée d'Egypte; et, par le plus heureux hasard, Annibal retrouve, dans les rangs de cette armée, un de ses anciens élèves qui y servait en qualité de médecin, et qui s'empresse d'offrir à son infortuné professeur les dons de la reconnaissance : dons que l'état de dénuement absolu où se trouvait Annibal, rendaient extrêmement précieux.

Aidé de ce secours et de quelques fonds qu'il reçut d'Italie, Annibal entreprit un modeste commerce, tandis que son frère donnait des leçons de langues anciennes et modernes.

Exemple mémorable des vicissitudes humaines! Cet homme, naguères professeur , académicien, et qui occupait un rang si brillant dans sa patrie, est jeté, par une suite d'événemens inouïs, dans une position humble en apparence; mais il s'y révèle, aux yeux de l'homme qui médite, plus grand qu'au sein de l'académie de Vérone; car cette force d'ame, ce courage philosophique qui rendent l'homme supérieur à lui-même et à la fortune, sont des qualités indépendantes de la science, et que l'adversité peut seule mettre en évidence....

Nommé à la place nouvellement créée de géomètre en chef au département de Gênes, il s'y fait tellement remarquer par son intégrité et son mérite, que, deux années après, il est appelé à remplir les fonctions d'ingénieur vérificateur dans le département de l'Aube.

Au moment de retracer quelle a été la conduite d'Annibal Jourdan à Troyes, je ressens plus vivement la difficulté de mon entreprise....

Accourez à ma voix, vous tous qui avez connu cet homme si estimable ! Achevez pour moi son éloge : chacun de vous racontera une de ses vertus, citera un trait de sa vie.

Habiles administrateurs dont il partagea les travaux, dites s'il fut un conseiller municipal plus fidèle à son mandat? Peignez-le examinant avec l'attention la plus scrupuleuse les comptes d'administration municipale; embrassant toutes les branches du revenu de la ville; cherchant à en tirer le parti le moins onéreux possible pour les habitans; discutant avec l'attention la plus sévère toutes les dépenses; n'en votant aucune sans l'avoir reconnue indispensable; combattant avec énergie toute atteinte portée aux propriétés communales; bravant tout lorsqu'il s'agissait de l'accomplissement d'un devoir; appuyant de son influence toute proposition utile à la prospérité du pays; ne reculant devant aucune tâche, aucun travail, quelque pénible qu'il dût être, offrant même tout d'abord de s'en charger, et poussant le désintéressement et l'amour de la chose publique jusqu'à y employer les commis de ses bureaux !

Dites-nous qui s'occupa plus vivement que lui de tous les plans, de tous les projets relatifs au canal, à l'entrepôt des douanes, à la halle aux marchandises, à la halle aux grains, à la caserne, au musée, aux écoles et à tous les établissemens d'utilité publique?

Dites-nous aussi avec quelle dignité imposante, avec quelle sévérité de langage il relevait toutes les négligences commises dans l'administration, même par les fonctionnaires du rang le plus élevé, et rendez-lui enfin ce témoignage éclatant de justice et de vérité, qu'il sacrifia à la résolution qu'il avait prise d'accomplir dignement et avec ardeur le mandat qui lui avait été confié, non seulement ses affaires et ses intérêts personnels, mais encore sa vie.

Vous le savez, vous, ses dignes collaborateurs, que c'est au régime qu'il avait adopté, de passer une partie des nuits à travailler aux affaires de la commune, que doit être attribuée, autant qu'à sa complexion, la perte de cette existence précieuse qu'il a quittée au milieu de vous ; comme si la providence eût voulu montrer qu'elle avait été consacrée tout entière à ses concitoyens....

Vous, savans qu'il éclaira de ses lumières, dites-nous quel homme eut une intelligence plus vaste et un raisonnement plus profond ?

Dites avec quelle facilité cet homme extraordinaire résolvait les questions les plus compliquées, éclaircissait les discussions les plus arides, et répandait, sur la matière la plus ingrate, la fécondation d'un entendement supérieur.

Dites avec quelle admirable modestie il émettait son opinion si prépondérante ! Dites si jamais homme allia plus de simplicité dans les manières, plus de douceur et d'aménité dans le langage, à des connaissances aussi élevées.

Vous, propagateurs ardens et zélés de l'instruction publique, retracez-nous avec quelle constance et quel dévoûment il seconda continuellement vos efforts.....

Dites avec quelle énergie il seconda l'établissement de cette école normale, qui doit apporter de si grandes améliorations dans le système d'instruction primaire...

Vous, ses anciens employés, joignez votre voix à la mienne ! Mêlez vos souvenirs aux miens, et proclamons, les larmes aux yeux, que nous avons perdu plus un père qu'un chef. Rappelons cette impartialité sévère, mais sans rudesse, qu'il apportait aux vérifications ; cette perspicacité étonnante qui lui faisait apercevoir les plus légères irrégularités du travail, et cette bonté inépuisable qui les lui faisait signaler avec une indulgence d'expression toute paternelle.

Rendons ici un public hommage à la loyauté qu'il apportait dans tous les comptes, à la bonne foi et à la franchise avec lesquelles il traitait toutes les affaires. Combien de fois ne l'avons-nous pas vu pousser jusqu'à l'excès une confiance dont son ame élevée croyait tout le monde digne !...

Dans tous les temps, dans toutes les circonstances, nous avons eu en lui notre guide le plus sûr, notre conseil le plus éclairé et notre protecteur le plus ardent et le plus désintéressé.

Hommes laborieux et pauvres, et vous à qui il ne cessa de prodiguer les marques de la plus touchante sollicitude, hommes plus infortunés encore, dites combien son grand cœur était facilement ému par le malheur ou par la misère, et quel empressement il mettait à les soulager. Combien de vous lui doivent l'instrument de travail qui nourrit leur famille....

Vous, ses amis de toutes les classes, de tous les rangs, venez payer aussi votre tribut d'éloges aux qualités éminentes dont il a donné tant de preuves dans sa vie publique et privée....

Dites si jamais vous avez vu fléchir ses convictions devant des considérations d'intérêt personnel; si jamais vous l'avez vu dissimuler une vérité utile, dans la crainte de déplaire à un homme puissant.

Dites combien était grand son amour pour sa patrie adoptive, pour cette belle France dont la gloire, la prospérité étaient l'objet de ses vœux les plus ardens, et à laquelle il appartenait par le cœur, bien avant d'avoir obtenu les lettres de naturalisation dont les termes sont si flatteurs et si honorables pour lui....

Je t'ai suivi, ô Jourdan, dans toutes les phases de ta vie, j'ai essayé d'offrir à cette foule d'hommes généreux qui m'entourent une esquisse de tes vertus. Cependant, à l'aspect de ce tombeau, il me semble qu'il me reste encore quelque chose à dire; il me semble que des pensées plus graves viennent s'emparer de mon esprit, et que mon regard, sortant du cercle étroit de ce monde fragile et périssable, s'élance sur tes pas dans le domaine de l'éternité.

Là je te vois, rayonnant d'une gloire aussi pure que ton ame, jeter un regard affectueux et tendre sur tant d'amis réunis autour de cette tombe modeste, où ton corps n'est déjà plus qu'une froide poussière, mais sur laquelle est assis, comme un groupe vivant, le souvenir de tes vertus.

O Jourdan! il y a dans la consternation, dans la douleur peinte sur tous les visages, quelque chose qui donne à cette cérémonie un caractère imposant et sublime.

Quel contraste frappant entre cette réunion si simple et si touchante et les pompes funèbres qui suivent le trépas des grands!...

Ici où tout rappelle la fragilité de la vie et le néant de la vanité humaine, sont réunis des amis éplorés. Ils viennent déposer sur ton tombeau, non des paroles éclatantes peu en harmonie avec la simplicité de ton ame, non des éloges, mais des regrets et des souvenirs.....

Tu te survis, non seulement dans la mémoire de tes concitoyens, mais encore dans ce séjour d'immortalité où les Franklin et les Monthyon, dont tu fus l'émule, ont ceint ta tête de ce rameau d'olivier, noble apanage des bienfaiteurs de l'humanité, et qui environne ton front d'une gloire plus pure que le laurier des conquérans; car, comme lui, il ne croît pas sur une terre trempée de sang et de larmes.....

FIN.